Ord. Place. N° 298.   N° 1162

NOVVEAV TARIF POVR le Reglement des Monnoyes.

N° 298

A PARIS
Chez M. METTAYER, Imprimeur du Roy demeurant rue de la Huchette attenant la Croix blanche vis à vis la Fleur de Lys, proche la rue Zacharie.
M. DC. LXVI.
Auec Permission de Monsieur le Lieutenant Ciuil.

NOVVEAV TARIF POVR le Reglement des Monnoyes.

A PARIS
Chez M. METTAYER, Imprimeur du Roy demeurant rue de la Huchette attenant la Croix blanche vis à vis la Fleur de Lys, proche la rue Zacharie.
M. DC. LXVI.
Auec Permission de Monsieur le Lieutenant Ciuil.

NOVVEAV

TARIF POVR LE Reglement des Monnoyes, de l'année 1666.

Vne piece de cinq s.	4. sols.	10.	d.
Vne de 30 s.	1. liure	9.	s.
Vn Escu	2.	18.	s.
Deux escus	5.	16.	s
Trois	8.	14.	s.
Quatre	11.	12.	s.
Cinq	14.	10.	s.
Six	17.	8.	s.
Sept	20.	6	s.
Huict	23.	4.	s.
Neuf	26.	2	s.
Dix	29.		
Onze	31.	18	s.
Douze	34	16	s.
Treize	37.	14.	s.

A

Quatorze	40.	12. ſ.
Quinze	43.	10. ſ.
Seize	46.	8.
Dix ſept	49	6.
Dix-huict	52.	4.
Dix-neuf	55.	2.
Vingt	58.	
Vingt-vn	60.	18.
Vingt-deux	63.	16.
Vingt-trois	66.	14.
Vingt-quatre	69.	12.
Vingt-cinq.	72	10.
Vingt-ſix	75.	8.
Vingt-ſept	78.	6.
Vingt-huict	81.	4.
Vingt-neuf	84.	2.
Trente	87	
Trente-cinq	101.	10.
Quarante	116.	
Quarante-cinq	130	10.
Cinquante	145.	
Cinquante cinq	159.	10.

Soixante	174.
Soixante-cinq	188. 10.
Septante	203.
Septante cinq	217. 10.
Quatre-vingts	232.
Quatre- vingt-cinq	246 10.
Nonante	261.
Nonante-cinq	275. 10.
Cent	290
Deux cens	580
Trois Cens	870.
Quatre cens	1160
Cinq Cens	1450
Six Cens	1740
Sept Cens	2030
Huict Cens	2320
Neuf cens	2610
Mil	2900
Pour faire	1000
il faut	344 Esc .48 s

LOVIS D'OR ET PISTOLES,
A dix liures quinze sols.

Le demy	5 l.	7 ſ	6 d.
Vn	10	15	
Deux	21	10	
Trois	32	5	
Quatre	43		
Cinq	53	15	
Six	64	10	
Sept	75	5	
Huict	86		
Neuf	96	15	
Dix	107	10	
Onze	118	5	
Douze	129		
Treize	139	15	
Quatorze	150	10	
Quinze	161	5	
Seize	172		
Dix-ſept	182	15	

Dix-huict	193	10
Dix-neuf	204	5
Vingt	215	
Vingt-vn	225	15
Vingt-deux	236	10
Vingt-trois	247	5
Vingt-quatre	258	
Vingt-cinq	268	15
Vingt-six	279	10
Vingt-sept	290	5
Vingt-huict	301	
Vingt-neuf	311	15
Trente	322	10
Trente-cinq	376	5
Quarente	430	
Quarente-cinq	483	15
Cinquante	537	10
Cinquante-cinq	591	5
Soixante	645	
Soixante-cinq	698	15
Septante	752	10
Septante-cinq	806	5
Quatre-vingts	860	

Quatre vingts-cinq	913 15
Nonante	967 10
Nonante-cinq	1021 5
Cent	1075
Deux cens	2150
Trois cens	3225
Quatre cens	4300
Cinq cens	5375
Six cens	6450
Sept cens	7525
Huict cens	8600
Neuf cens	9675
Mil	10750

Pour fournir mil franc il faut 93. pistolles, qui vallent 999. l. 15. s. & monnoie 5. s.

ESCVS D'OR

A cinq liures vnze sols six deniers.

Le demy	2	15	9
Vn	5	11	6
Deux	11	3	
Trois	16	14	6
Quatre	22	6	
Cinq	27	7	6
Six	33	9	
Sept	39	00	6
Huict	44	12	
Neuf	50	3	6
Dix	55	15	
Vnze	61	6	6
Douze	66	18	
Treize	72	9	6

Quatorze	78	1	
Quinze	83	12	6
Seize	89	4	
Dix-ſept	94	15	6
Dix-huict	100	7	
Dix neuf	105	18	6
Vingt	111	10	
Vingt-vn	117	1	6
Vingt-deux	122	13	
Vingt-trois	128	4	6
Vingt quatre	133	16	
Vingt-cinq	139	7	6
Ving ſix	144	19	
Vingt-ſept	150	10	6
Vingt huict	156	2	
Vingt neuf	161	13	6
Trente	167	5	
Trente cinq	195	2	6
Quarante	223		

quarante-cinq	250	17	6
Cinquante	278	15	
Cinquante-cinq	306	12	6
Soixante.	334	10	
Soixante-cinq	362	7	6
Septente.	390	5	
Septente-cinq.	418	2	6
quatre-vingts.	446		
Quatre-vingts cinq.	473	17	6
Nonante	501	15	
Nonante-cinq	529	12	6
Cent	557	10	
Deux-cens	1115		
Trois cens	1672	10	
Quatre-cens	2230		
Cinq cens	2787	10	
Six-cens	3345		
Sept-cens	3902	10	
Huict-cens	4460		

41

Neuf-cens	5017	10
Mil	5,75	

Pour fournir mil franc faut 179 qui valent 997 18 ſ 6 d.
& monnoye 41 ſ. 6, d,

Ce Tarif eſt veritable & n'offuſque point la veuëau Lecteur de ſuperflu.

www.ingramcontent.com/pod-product-compliance
Lightning Source LLC
LaVergne TN
LVHW052042160826
845678LV00003B/1480

* 9 7 8 2 3 2 9 6 3 1 2 8 8 *